Juliane Heinz

Die Soziale Frage und der Pauperismus bis zur Revolution 1848/49 und deren Lösungsmöglichkeiten

GRIN Verlag

Bibliografische Information der Deutschen Nationalbibliothek:

Die Deutsche Bibliothek verzeichnet diese Publikation in der Deutschen Nationalbibliografie; detaillierte bibliografische Daten sind im Internet über http://dnb.d-nb.de/ abrufbar.

Impressum:

Druck und Bindung: Books on Demand GmbH, Norderstedt Germany
ISBN: 978-3-640-47014-3

Inhaltsverzeichnis

1. Einleitung

Viele Historiker stellen die Entwicklungen, die mit der Industriellen Revolution einhergingen als „größte menschheitsgeschichtliche Zäsur"[1] dar. Zu diesen Entwicklungen gehören auch die Phänomene des Pauperismus und der Sozialen Frage, die ab der Zeit des Wiener Kongresses bis zum Ausbruch der Revolution 1848/49 im Mittelpunkt dieser Arbeit stehen. Dahingehend wird untersucht, welche Ansätze zur Lösung jener Probleme es gab und wie diese gewirkt haben. Im Untersuchungszeitraum befindet sich das Stadium der Sozialen Frage noch in einer Vorform, die aber trotz dessen eine enorme Relevanz für die kommende Zeit hatte, da sie den Grundstein für die weitere gesellschaftliche Entwicklung legte.

Die Arbeit beinhaltet neben Einleitung, einer kurzen Begriffsklärung, Fazit und Literaturangabe zwei wesentliche Kapitel. Im Ersten steht die Soziale Frage deskriptiv hinsichtlich ihrer Ursachen, beispielsweise der frühen Industrialisierung, der Bauernbefreiung und der Bevölkerungsexplosion des 19. Jahrhunderts, im Mittelpunkt. Weiterhin werden die Arbeitsverhältnisse und Lebensbedingungen, speziell der arbeitenden Unterschicht dargestellt. Im zweiten großen Kapitel werden hinsichtlich der theoretischen Lösungsversuche Ansätze aus den verschiedenen Denkrichtungen der Zeit, sowie der Kirche analytisch dargestellt. Welche bedeutenden Vertreter der Zeit haben sich zum Thema geäußert? Welche weiteren Unternehmungen gab es von Seiten des Staates, den Betroffen selbst oder gar einiger fortschrittlichen Unternehmer? Inwieweit haben der Ideen gefruchtet?

Göhler und andere Historiker vertreten die Annahme, dass der Sozialismus die wichtigste Antwort auf die Soziale Frage fand, da diese erst durch den aufkommenden Kapitalismus ausgebrochen ist. Diese Annahme ist auch nicht vollkommen falsch, mit dieser Arbeit soll jedoch belegt werden, dass sowohl aus den anderen wichtigen Denkrichtungen der Zeit als auch von den Betroffenen selbst und anderen gesellschaftlichen Akteuren wichtige Ansatzmöglichkeiten zur Lösung der Sozialen Frage gefunden wurden.

Die Revolution von 1848/49 wird in der Arbeit ausgegrenzt, da sie hauptsächlich eine politische Revolution war und den Rahmen dieser Arbeit sprengen würde.

Die Literatur- und Quellenlage zum untersuchten Thema erwies sich als flächendeckend, wobei auffiel, dass sich ein größerer Teil der Literatur mit dem Zeitraum nach 1848/49 befasst. In der Forschung gibt es verschiedene Ansichten darüber, in welchem Zusammenhang der Pauperismus und die Industrielle Revolution stehen. Auf diesen Diskurs wird jedoch nicht weiter eingegangen. Ein besonders aufschlussreiches Werk für meine

---

[1] KOCKA, JÜRGEN: Das lange 19. Jahrhundert. in: GEBHARDT: Handbuch der deutschen Geschichte. Stuttgart: Klett-Cotta 2002, S. 44.

Arbeit war die Sammlung der *Quellen zur Geschichte der sozialen Frage in Deutschland* von Dr. Ernst Schraepler. Weitere wichtige Werke sind jene von Ritter, Henning, Tennstedt und Göring.

2. Begriffsklärung

An den Beginn dieser Arbeit wird eine Erläuterung dessen gestellt, was unter den zentralen Begriffen Soziale Frage und Pauperismus zu verstehen ist. Beide Begriffe werden in der folgenden Arbeit nicht differenziert betrachtet, da sie in ihrer Bedeutung für den Untersuchungszeitraum stark miteinander verknüpft sind.

2.1 Soziale Frage

Das Wörterbuch der Geschichte von Bayer/ Wende erklärt die Soziale Frage als eine „Bezeichnung für eine gesellschaftliche Situation, in der breite Unterschichten sozialen Missständen ausgesetzt sind, die sie in ihrer Existenz bedrohen, und in der demzufolge das soziale Gleichgewicht und der innere Frieden der Gesellschaft starken Spannungen ausgesetzt sind. Im engeren Sinne wird der Begriff angewendet im Zusammenhang mit dem von Bevölkerungsexplosion, Massenarmut und Agrarkrise begleiteten Übergang von der feudalen Agrargesellschaft zur frühkapitalistischen Industriegesellschaft um 1800 sowie auf die sich daran anschließende Phase der Entstehung des Proletariats wahrend der industriellen Revolution. Die Soziale Frage bzw. die Bemühungen um ihre Lösung trugen maßgeblich bei zum Entstehen von Arbeiterbewegung sowie staatlicher Sozialpolitik."[2] Im Wörterbuch der Geschichte von Fuchs/ Raab wird die Soziale Frage „[...]mit der Veränderung der gesellschaftlichen Strukturen durch die industrielle Revolution, in deren Verlauf eine Arbeiterklasse entstand, die ohne rechtlichen Schutz und politisch nicht gleichberechtigt der wirtschaftlichen Überlegenheit der Fabrikbesitzer ausgeliefert war. Die s.F. konzentrierte sich dadurch in erster Linie auf das Problem, einer Verelendung der Arbeiter entgegenzuwirken und insbes. Erscheinungen wie Frauen- und Kinderarbeit, elende Wohnverhältnisse, geistigen und moralischen Verfall zu beseitigen" beschrieben.[3] Manche Autoren datieren den Ausbruch der Sozialen Frage erst später.

---

[2] BAYER, ERICH/ WENDE, FRANK: Wörterbuch zur Geschichte. Begriffe und Fachausdrücke. Stuttgart: Alfred Kröner Verlag 1995, S.510.

[3] FUCHS, KONRAD/ RAAB, HERIBERT: Wörterbuch zur Geschichte. Band 2 L-Z. München: Deutscher Taschenbuchverlag 1972, S. 291.

2.2 Pauperismus

Nach einer Definition aus der Brockhaus' Real- Enzyklopädie von 1846 ist der Pauperismus ein „neu erfundener Ausdruck für eine höchst bedeutsame und unheilvolle Erscheinung, die man in Deutschland durch die Worte ‚Massenarmut oder Armentum' wiederzugeben versucht hat. Es handelt sich dabei nicht um die natürliche Armut, wie sie als Ausnahme infolge physischer, geistiger oder sittlicher Gebrechen oder zufälliger Glücksfälle immerfort einzelne befallen mag; auch nicht um die vergleichsweise Dürftigkeit, bei der doch eine sichere Grundlage des Unterhalts bleibt. Der Pauperismus ist da vorhanden, wo eine zahlreiche Volksklasse sich durch die anstrengenste Arbeit höchstens das notdürftige Auskommen verdienen kann... und dabei immer noch sich in reißender Schnelligkeit ergänzt und vermehrt."[4] Bezeichnend ist das realhistorisch neue Phänomen, da man den Pauperismus von der traditionell herrschenden Armut deutlich abgrenzen muss.

3. Der Pauperismus und die Soziale Frage bis zur Mitte des 19. Jahrhunderts

In diesem Kapitel sollen die gesellschaftlichen Bedingungen, die zum Ausbruch der Sozialen Frage und des Pauperismus geführt haben, dargestellt werden. Außerdem wird ein großes Augenmerk auf die Situation der Arbeiterschicht hinsichtlich Arbeits-, Wohn- und Lebensbedingungen gelegt.

3.1 Gesellschaftliche Konzessionen/ Umstände

Das 19. Jahrhundert war von der Ablösung der Agrargesellschaft durch die Industriegesellschaft geprägt. Damit einher gingen tief greifende wirtschaftliche, soziale, politische und kulturelle Veränderungen in der Gesellschaft.[5] In dieser Arbeit steht der Wandel der Erwerbstätigkeit vom feudalen Landarbeiter zum freien Lohnarbeiter im Mittelpunkt, hinsichtlich all der damit einhergehenden Veränderungen für die neu entstehende Schicht. 1815 waren noch ca. 80% der Bevölkerung in der Land- und Forstwirtschaft beschäftigt.[6] Der Vormärz zeigte nur schwache Ansätze der Industrialisierung, man spricht von einer Phase der Vorindustrialisierung. Im Gebiet des Deutschen Zollvereins betrug 1834 die Zahl der Fabrikarbeiter an der Gesamtbevölkerung gerade einmal 4,4 Prozent. Erst in den 50er Jahren des 19. Jahrhunderts setzte der große und neuartige industrielle Aufschwung ein.

---

[4] Brockhaus' Real- Enzyklopädie zit. nach: HARDTWIG, WOLFGANG: Vormärz. Der monarchische Staat und das Bürgertum. in: BROSZAT, MARTIN/ BENZ, WOLFGANG/ GRAML, HERMANN (Hrsg.):Deutsche Geschichte der neuesten Zeit vom 19. Jahrhundert bis zur Gegenwart. München: Deutscher Taschenbuch Verlag GmbH & Co. KG 1993, S. 15f.

[5] vgl. Rauscher (1988): S.1

[6] vgl. SCHRAEPLER, DR. ERNST: Quellen zur Geschichte der sozialen Frage in Deutschland. Band 1: 1800-1870. Göttingen: Musterschmidt Verlag 1955, S. 8.

Diese Schicht verdient u.a. eine große Aufmerksamkeit, weil sie 1913 bereits einen Anteil von ca. 40 Prozent an der Gesamtbevölkerung aufwies. Der in dieser Arbeit untersuchte Zeitraum richtet sich jedoch nur auf die vorindustrielle Zeit und die Anfänge der Industrialisierung und untersucht demnach nur ein Teilphänomen der Gesellschaft.[7] Die Tendenz hin zu einer neuen Form des Erwerbs hat zudem eine große Bedeutung für die gesamtgesellschaftliche Entwicklung, da sich der sekundäre Sektor der Industriearbeit im 19. Jahrhundert als Haupterwerbsform durchsetzte und in dieser Epoche die Grundlagen für die weitere Entwicklung gelegt wurden.

Ausgangspunkte für den Ausbruch der Sozialen Frage waren u.a. die Bauernbefreiung von 1806, die Einführung der Gewerbefreiheit von 1810 und die Bevölkerungsexplosion, die in den 70er Jahren des 18. Jahrhunderts eingesetzt hat und bis in die 30er Jahre des 19. Jahrhunderts anhielt. Die Gründe für diese Bevölkerungsexplosion lagen in der Verbesserung der Hygiene und der medizinischen Versorgung und in den Auswirkungen der preußischen Reformpolitik. Außerdem war die Entwicklung durch eine sinkende Sterblichkeit und anwachsende Geburtenzahlen der Gesamtbevölkerung geprägt.[8] Die in der napoleonischen Zeit angestoßenen Modernisierungstendenzen legten den Grundstein für die spätere Industrialisierung. In Deutschland wurde die Feudalherrschaft beendet und die Zunftordnung gelockert, eine Gewerbefreiheit konnte sich durchsetzen und durch die Gründung des Zollvereins 1834 kam es zur Bildung von überregionalen Märkten.[9] Durch die Folgen der Bauernbefreiung verloren viele Bauern einen Großteil ihres bewirtschafteten Landes sowie den gutsherrlichen Schutz und den des Staates. Folge dessen war, dass viele Landwirte ihre Existenz verloren hatten und in die Städte abwandern mussten. Dort blieb ihnen häufig keine andere Alternative als die Arbeit in der Fabrik. Da sie jedoch keine Ausbildung vorzuweisen hatten, verblieben sie in der unteren Einkommensschicht und wurden zu ungelernten Fabrikarbeitern. Auch die Einführung der Gewerbefreiheit führte zu einem ähnlichen Effekt. Den Handwerksgesellen war es durch die Gewerbefreiheit leichter möglich, sich als selbstständige Meister niederzulassen. Das wiederum führte zu einer Überladung einzelner Zweige des Handwerks, sodass den überflüssigen Meistern ebenfalls keine Alternative blieb, als ihr Geld in der Stadt als ungelernte Fabrikarbeiter zu verdienen. Parallel zu dieser strukturellen Veränderung der Gesellschaft in der Stadt und auf dem Lande explodierten die

[7] vgl. Hartdwig (1993): S. 103f.

[8] vgl. KELLENBENZ, HERMANN: Deutsche Wirtschaftsgeschichte. Band II. Vom Ausgang des 18. Jahrhunderts bis zum Ende des Zweiten Weltkriegs. München: Verlag C.H. Beck 1981, S. 27., ABEL, WILHELM: Der Pauperismus in Deutschland am Vorabend der Industriellen Revolution. Braunschweig: Braunschweig-Druck GmbH 1970, S. 56.

[9] vgl. Kocka (2002): S. 50

Bevölkerungszahlen zu einem unterschiedlichen Tempo in den verschiedenen Regionen Deutschlands. Da der industrielle Sektor anfänglich über zu geringe Kapazitäten verfügte, die vielen Arbeitssuchenden Menschen aufzunehmen, entstand ein großes Vakuum an Arbeitsmöglichkeiten.[10] Außerdem hinkte Deutschland der europäischen Entwicklung in der Industrialisierung, vor allem der Englands und Frankreichs hinterher. In der Tendenz der Marktausweitung lag ein großes Problem der beginnenden gewerblichen Massenproduktion. Das handwerkliche Kleingewerbe kam durch die ausländische Konkurrenz und die Produktion in den Manufakturen in existentielle Nöte. Anfänglich große Absatzschwierigkeiten und die großen Hungersnöte von 1817/18 und 1847/48 verschlimmerten die Lage. Es entstand eine Massenarmut, die Deutschland bisher so nicht erlebt hatte.[11]

In den Städten bildete sich langsam aber kontinuierlich eine neue Klasse des Industrieproletariats, welche sich aus enteigneten Bauern, Tagelöhnern, ehemaligen Handwerkern und Lohnarbeitern zusammensetze. All diese Menschen waren gezwungen, für erbärmliche Hungerslöhne und unter grausamen Bedingungen in den Fabriken zu arbeiten. Damit änderte sich ihre gesamte Lebenslage und sie wurden zu den Hauptträgern der neuen Schicht des Industrieproletariats.[12] Zu jenen weiteren bedeutenden Veränderungen der Zeit gehörte auch die zunehmende Maschinisierung und Technisierung vieler ehemals handarbeitender Zweige. Hinzu kommen der Ausbau der Verkehrswege durch die Erfindung der Eisenbahn und ihrer flächendeckenden Verbreitung, sowie der Ausbau des Binnenverkehrs und des Straßenbaus.[13] Ein weiterer Faktor der zur Entstehung der Sozialen Frage beitrug, ist das Fehlen von Banken und Kreditinstituten in Deutschland, welche den einzelnen Unternehmern finanzielle Unterstützungen zur Anschaffung neuer Maschinen hätten geben können. Neben den ungünstigen ökonomischen Bedingungen gab es einen enormen Schwund der Kaufkraft. Durch die Gründung des deutschen Zollvereins 1834 wurden innerdeutsche Handelschranken beseitigt; die Gründung einer wirtschaftlichen Einheit ging damit jedoch nicht sofort einher.[14]

3.2 Arbeits- und Lebensbedingungen

Die Arbeitsbedingungen für die Lohnarbeiter waren äußerst miserabel. Die Mehrheit der ungelernten Arbeiter begab sich in die absolute Abhängigkeit der Fabrikbesitzer und

---

[10] vgl. Schraepler (1955): S. 9f.

[11] vgl. TENNSTEDT, FLORIAN: Sozialgeschichte der Sozialpolitik in Deutschland. Vom 18. Jahrhundert bis zum Ersten Weltkrieg. Göttingen: Vandenhoeck & Ruprecht 1981, S. 38f.

[12] vgl. Schraepler (1955): S. 7

[13] vgl. Kocka (2002): S.46

[14] vgl. Schraepler (1955): S. 9

Unternehmer, die völlig frei hinsichtlich der Gestaltung des Arbeitsplatzes, der Regulierung der Arbeitszeit, des Lohnes und der Verpflegungsmöglichkeiten während der Arbeit und der Pausen entscheiden konnten. Im untersuchten Zeitraum gab es kaum Arbeiterorganisationen und auch die staatlichen Eingriffskompetenzen waren kaum entwickelt (siehe Kapitel 4.2).[15] Vermutlich lag dies u.a. auch an der mangelnden Zeit der Arbeiter sich zu organisieren, denn zwischen 1800 und 1830 betrug die Arbeitszeit bei Tagarbeit durchschnittlich 13 Stunden und bei Nachtarbeit elf Stunden, wobei man auch bei diesen Zahlen die regionalen Unterschiede betonen muss. Ein ähnliches Arbeitspensum wurde von Kindern ab 6 Jahren abverlangt.[16] „Ernst Abbé, der Mitbegründer der Zeisswerke in Jena, erinnerte sich daran, wie sein Vater, Spinnermeister in einer Eisenacher Fabrik, in den 40er und frühen 50er Jahren tagtäglich von vier Uhr in der früh bis acht Uhr abends- oder je nach Geschäftslage von fünf bis neunzehn Uhr- ohne jede Pause an seiner Maschine stand, während der Arbeit aß, todmüde für einen kurzen Schlaf zurückkehrte; mit 40 war er ein Greis."[17] Diese Beschreibung dient der Veranschaulichung der Härte der frühen Fabrikarbeit.

Das Familienleben litt enorm unter den langen Arbeitszeiten. Die Männer brachen im Morgengrauen auf zur Fabrik, je nachdem wie weit Wohn- und Arbeitsort auseinander lagen und kamen häufig erst nach Sonnenuntergang wieder zurück nach Hause. Die vorher typische Einheit von Arbeit, Haushalt und Familie wurde somit vollkommen zerstört. Folge dessen war die Neuverteilung der Geschlechterrollen und eine zusätzliche emotionale Belastung für den Arbeiter, der neben den kaum erträglichen Arbeitsbedingungen auch noch seinen Rückzugsort der Familie vernachlässigen musste.[18] Trotz dieser unmenschlichen Arbeits- und Pendelzeiten bekamen die Menschen nur Hungerlöhne ausgezahlt. Sonn- und Feiertagsarbeit war normal und an einen Anspruch auf bezahlten Urlaub war zu jener Zeit überhaupt nicht zu denken.[19] Mit folgenden Worten und weiteren Ausführungen beschrieb Friedrich Engels 1839 die Not und das Elend der arbeitenden Bevölkerung in Eberfeld. Er thematisierte u.a. eine sich ausbreitende Alkoholisierung der Bevölkerung, die den gesellschaftlichen Zuständen und der Fabrikarbeit geschuldet sind: „Das Arbeiten in den niedrigen Räumen, wo die Leute mehr

---

[15] vgl. Henning (1996): S. 285f.

[16] vgl. Henning (1996): S. 285f.

[17] WEHLER, HANS-ULRICH: Deutsche Gesellschaftsgeschichte. Zweiter Band. Von der Reformära bis zur industriellen und politischen „Deutschen Doppelrevolution" 1815- 1848/49. Frankfurt am Main/ Wien: C.H. Beck'sche Verlagsbuchhandlung 1987, S. 249.

[18] vgl. Hardtwig (1993): S. 105

[19] Dieser hat sich erst im 20. Jahrhundert durchgesetzt.

Kohlendampf und Staub einatmen als Sauerstoff, und das meistens schon von ihrem sechsten Jahre an, ist gerade dazu gemacht ihnen alle Kraft und Lebenslust zu rauben."[20]

Einen großen Anteil an den Fabrikarbeiter in der vorindustriellen Zeit trugen die ehemaligen Bauern. Die bäuerliche Arbeit war an den Tagesablauf, die Witterung und die Jahreszeiten gebunden. Außerdem bestand sie aus vielen verschiedenen Tätigkeiten, sodass trotz der körperlich sehr anstrengenden Vorgänge stets verschiedene Körperpartien belastet wurden. Im Gegensatz dazu wurde die neue Form der Fabrikarbeit in gleichförmig- andauernder Körperhaltung verrichtet. Sie erforderte meist weniger körperliche Anstrengungen als die Arbeit in der Landwirtschaft, wurde aber durch die monotonen Arbeitsabläufe schneller als unangenehm empfunden. Weiterhin fand die Arbeit in den Manufakturen und Fabriken zwar geschützt vor Wind und Wetter statt, dafür war es dort meist eng und menschenüberfüllt und die Luft voller schädlicher Substanzen. Die Menschen mussten sich an das Tempo der Maschinen anpassen, was ihnen große Schwierigkeiten bereitete. Durch diese ungewohnte Arbeit ohne Ausgleichmöglichkeiten entstanden für die Arbeiter schwere gesundheitliche Belastungen und ihre Krankheitsanfälligkeit stieg.[21]

Ein weiterer gravierender Bestandteil der Sozialen Frage war die Frauen- und Kinderarbeit. Ein Arbeiter allein war häufig nicht in der Lage, den Lebensunterhalt für die gesamte Familie zu verdienen. Dementsprechend war die Frauen- und Kinderarbeit bis zum Ende des 19. Jahrhunderts eher die Regel als die Ausnahme.[22] Engels beschrieb: „Aber es herrscht ein schreckliches Elend unter den niedern Klassen, besonders den Fabrikarbeitern in Wuppertal; syphilitische und Brustkrankheiten herrschen in einer Ausdehnung, die kaum zu glauben ist; in Elberfeld allein werden von 2500 schulpflichtigen Kindern 1200 dem Unterricht entzogen und wachsen in den Fabriken auf, bloß damit der Fabrikherr nicht einem Erwachsenen, dessen Stelle sie vertreten, das Doppelte des Lohnes zu geben nötig hat, das er einem Kind gibt."[23]

Dementsprechend kann man sich vorstellen, dass die Kinder von den Unternehmern häufig als billige Arbeitskräfte bevorzugt wurden. Durch den Pauperismus hatte sich die Situation für die Kinder verschlechtert, neben Hunger und Armut nahm auch das Betteln und Streunern zu. Zur derartigen Ausbreitung der Kinderarbeit trug auch die mentale Einstellung der Eltern und der Unternehmer hinsichtlich der Kinderarbeit bei; sie waren ihr gegenüber sehr positiv eingestellt und sahen die schwerwiegenden Folgen für die Entwicklung der nachfolgenden

[20] ENGELS, FRIEDRICH: Briefe aus dem Wuppertal. in: MARX, KARL/ ENGELS, FRIEDRICH: Werke. Band 1. Berlin: Dietz 1956, S. 417.

[21] vgl. Tennstedt (1981): S. 53f.

[22] vgl. FISCHER, WOLFRAM: Armut in der Geschichte. Erscheinungsformen und Lösungsversuche der „Sozialen Frage" in Europa seit dem Mittelalter. Göttingen: Vandenhoeck und Ruprecht 1982, S. 70.

[23] Engels (1956): S. 418

Generationen nicht. In Chemnitz beispielsweise betrug der Anteil der Kinder an den Fabrikarbeitern 1840 ca. 17%. 1839 wurde ein Gesetz zur Eindämmung der Kinderarbeit eingeführt, auf welches in 4.2.4 genauer eingegangen wird.[24] Die Bedeutung der Kinder für die Familie änderte sich grundsätzlich im 19. Jahrhundert. Zu Beginn des Jahrhunderts dienten die Kinder wesentlich der Altersvorsorge. Sie entwickelten sich jedoch zum Kostenfaktor und hatten kaum noch einen wirtschaftlichen Nutzen für die Eltern. Die Kinderarbeit nahm in der 2. Hälfte des 19. Jahrhunderts ab, was primär mit der Einführung der Schulpflicht zusammenhing.[25]

Charakteristisch für die Zeit des Pauperismus waren des Weiteren die Raumnot und die elenden Einrichtungen in den städtischen Wohnungen der Arbeiterschicht. Die Wohnungsfrage ist ein relevanter Teil der Sozialen Frage. Es gab verschiedene Arten von Behausungen, in denen die Industriearbeiter untergebracht waren: z.B. in sozial durchmischten Dach-, Keller- und Hintergeschosswohnungen oder in Massenunterkünften nahe den Fabriken in neuen Stadtteilen oder Vororten. Die typische Arbeiterwohnung war eng, menschenüberfüllt, schmutzig, feucht und finster. Durch die extrem langen Arbeitswege war die Wohnung häufig nur eine Schlafstätte und ein Sinn für Häuslichkeit konnte kaum ausgebildet werden. Die Lebensweise der Arbeiterschaft wurde durch den ständigen Aufenthalt in diesen nahezu in sich geschlossenen und heruntergekommenem Wohnmilieus schwerwiegend negativ beeinflusst.[26] Die Arbeitsbedingungen in den Fabriken und Manufakturen waren durch Arbeitsteilung, Arbeitsdisziplin und mangelnden Idealismus gekennzeichnet. Die gewerblichen Arbeiter führten nur Teilvorgänge aus und bekamen das Endprodukt ihrer Arbeit nur in seltenen Fällen zusehen. Außerdem waren die Arbeitsabläufe durch einen vorgegebenen Plan gekennzeichnet. Das nacheinander Ausführen einzelner Vorgänge im Handwerk wurde auf ein zeitliches Nebeneinander in der Fabrik umgestellt. Durch die Simplifizierung der Arbeitschritte aufgrund der Arbeitsteilung wurde dem einzelnen Arbeiter seine Ersetzbarkeit täglich vor Augen geführt.[27]

Um die Fabrikarbeiter an die Neuartigkeit des Tagesablaufs zu gewöhnen, wurden in vielen Fabriken Ansporn- und Strafsysteme eingeführt. Ziel derer war es, eine Stetigkeit im Arbeitsprozess sowie die Einhaltung der Arbeitszeiten zu gewährleisten. Wurde gegen die in den Fabrikordnungen festgeschriebenen Regeln verstoßen, drohten den Arbeitern harte

---

[24] vgl. NIPPERDEY, THOMAS: Deutsche Geschichte. 1800-1866: Bürgerwelt und starker Staat. München: Beck 1998, S. 126.
[25] vgl. Fischer (1982): S. 76f.
[26] vgl. Nipperdey (1998): S. 133
[27] vgl. Tennstedt (1981): S. 51f.

Sanktionen, wie z.B. Lohnkürzungen, Überstunden oder Entlassungen.[28] Der Pauperismus der Vorindustriellen Zeit kennzeichnete sich außerdem durch neue Merkmale wie Desorientierung und Demoralisierung der arbeitenden Schichten. Durch die Herauslösung alter Muster und Traditionen entstand einerseits eine Orientierungslosigkeit, gleichzeitig auch neue Abhängigkeiten, vom Markt und von den Arbeitgebern, die sowohl über Kapital, als auch über die Produktionsmittel verfügten.[29]

Vor zwei wesentlichen Gefahren konnte sich die gesamte Arbeiterschicht nicht schützen: vor der krankheits- und der altersbedingten Armut. Vor allem wenn der Hauptverdiener der Familie arbeitsunfähig wurde, hatte das gravierende Folgen für seine Angehörigen. Die Verarmung durch Krankheit betraf jedoch nur einen Teil der Unterschicht, wohingegen die Altersarmut ein Phänomen blieb, dass sich durch das gesamte 19. Jahrhundert zog. Ein Grund dafür ist, dass man mit steigendem Alter weniger verdiente, da auch die körperliche Leistungsfähigkeit abnahm. Auch die Entlassungsgefahr stieg mit steigendem Alter enorm an. Bei Beendigung des Arbeitsverhältnisses wurde die Armut fast unausweichlich. Die gesetzliche Altersrente wurde erst 1889 eingeführt und deckte selbst dann nicht die Bedürfnisse aller Menschen.[30]

Das Schicksal eines Industriearbeiters hing also von vielen Faktoren ab: von seinem Familienstand, der Anzahl seiner Kinder, seinem Fabrikherrn, dem Gesundheitszustand der gesamten Familie und deren Wohnverhältnisse. Die Arbeiter wurden ausgebeutet und hatten so gut wie keinerlei Aufstiegschancen in den Fabriken. Sie konnten auch nicht für eine schulische oder berufliche Bildung ihrer Kinder sorgen, im Gegenteil: die Kinder mussten sich am Broterwerb der Familie beteiligen.[31] Betont werden soll am Ende dieses Kapitels noch einmal, dass im untersuchten Zeitraum nur ein geringer Anteil der Bevölkerung in Unternehmen mit mehr als 500 Angestellten arbeitete. Der berühmte Unternehmer Krupp beispielsweise beschäftigte 1846 ca. 140 Arbeiter. Außerdem gab es noch eine scharfe Trennlinie zwischen Fabrik und Handwerk.[32] Die Situation des zunehmend aufkommenden Industrieproletariats ist also zusammenfassend gekennzeichnet durch niedrige Löhne und lange Arbeitszeiten, Wohnungsnot und –elend, die Entwurzelung aus der bisherigen Bindung, d.h. der Trennung von der Familie, sowie von Frauen- und Kinderarbeit und einer ständigen existentiellen Gefährdung bis zum Tode hin. Dies sind alles Bestandteile der Sozialen Frage

---

[28] vgl. Wehler (1987): S. 253

[29] vgl. RITTER, GERHARD A.: Arbeiter, Arbeiterbewegung und soziale Ideen in Deutschland. Beiträge zur Geschichte des 19. und 20. Jahrhunderts. München: Verlag C.H. Beck 1996, S. 22.

[30] vgl. Fischer (1982): S. 73ff.

[31] vgl. Rauscher (1988): S. 2

[32] vgl. Kellenbenz (1981): S. 37

und des damit einhergehend Pauperismus. Außerdem setzen sich die Trennung von Kapital und Arbeit sowie die arbeitsteilige Organisation der Wirtschaft schleppend durch. Im folgenden Kapitel sollen nun einige Ansätze zur Lösung dieser beschriebenen Probleme dargestellt und deren Wirksamkeiten diskutiert werden.

4. Lösungsversuche der Sozialen Frage

4.1. Theoretische Lösungsversuche

Im folgenden Kapitel werden die Gedanken und Vorschläge zur Lösung der Sozialen Frage aus den großen Denkrichtungen der Zeit und einigen ausgewählten Vertretern dieser untersucht. Im Mittelpunkt dieser Diskussionen standen die Fragen nach den Lebensbedingungen und der politischen Partizipation der unteren Schichten.

4.1.1 ... der Sozialisten

Der Sozialismus strebte zur Lösung der sozialen Frage eine fundamentale, revolutionäre Veränderung an. Laut Göhler ist „der Sozialismus (...) die Antwort auf die soziale Frage par excellence." Ohne die aufkommende Soziale Frage hätte der Sozialismus sich wohl kaum in seinem damaligen Ausmaß etablieren können. Er bot zwei strategische Optionen an, die kaum miteinander vereinbar waren. Einerseits forderte er aufgrund der Missstände konkrete ökonomisch-soziale Verbesserungen und eine institutionelle Absicherung durch ein allgemeines und gleiches Wahlrecht. Andererseits verordnete er eine theoretische Lösung durch die Beseitigung der Klassenunterschiede in der Gesellschaft und eine Aufhebung des Privateigentums an den Produktionsmitteln. Dazu sollte das Proletariat die politische Macht ergreifen um der Ausbeutung ein Ende zu bereiten.[33] Ein sehr bedeutender Frühsozialist aus der Zeit des Vormärz war der Schneidergeselle Wilhelm Weitling (1808- 1871). Er verband die „revolutionär- politischen und ökonomisch- gütergemeinschaftlichen Traditionen des Frühsozialismus"[34], forderte also neben der politischen auch eine soziale Revolution. Durch dieses sollten die bestehenden Einkommensverhältnisse umgewälzt werden und die Befreiung des Proletariats eingeleitet werden. Weitling wollte durch die Abschaffung des Eigentums und Erbrechts verbunden mit einer Einführung der allgemeinen Arbeitspflicht eine Gütergemeinschaft gründen. In den Interessen der Arbeiter und denen des Bürgertums sah der Frühsozialist einen unlösbaren Widerspruch.[35] Ein weiterer bekannter Staatssozialist war

[33] vgl. GÖHLER, GERHARD: Antworten auf die soziale Frage- Einführung. in: HEIDENREICH, DR. BERND (Hrsg.): Politische Theorie des 19. Jahrhunderts. III. Antworten auf die soziale Frage. Wiesbaden: Hessische Landeszentrale für politische Bildung 2000, S. 15f.

[34] Ritter (1996): S. 33

[35] vgl. Ritter (1996): S.33

Johann Karl Rodbertus- Jagetzow (1805-1875). Für ihn bestand die Soziale Frage im Kern in dem Missverhältnis zwischen der steigenden Wirtschaftsproduktion und der abnehmenden Kaufkraft des Proletariats. Deshalb sollte es Aufgabe des Staates sein dafür zu sorgen, dass die Arbeiter über genügend Kaufkraft verfügen. [36]

4.1.2 … der Liberalen

Der Liberalismus nimmt gegenüber der Sozialen Frage eine ambivalente Haltung ein. Sein primäres Ziel ist die Freiheit des Individuums. Dessen Mündigkeit muss vollkommen gewährt sein. Für den Liberalismus entstand ein Problem, von dem Zeitpunkt an, ab dem die soziale Frage von der Bevölkerung ernsthaft wahrgenommen wurde, da sie somit zu einem Gegenargument gegen einen Glauben an den Fortschritt werden würde. Ein weiteres Dilemma bestand: einerseits konnten die gravierenden Folgen der Sozialen Frage nur durch regulative Maßnahmen des Staates vermindert werden, andererseits lehnte der Liberalismus in seinen Grundprinzipien staatliche Eingriffe ab.[37] Das Ergebnis dieses Konflikts wurde in einer bis heute anhaltenden Trennung der Richtungen in Wirtschaftsliberale und Sozialliberale gefunden. Von den Sozialliberalen wurde vor allem das Prinzip der Hilfe zur Selbsthilfe propagiert, weil darin die Autonomie des Individuums am wenigsten beschnitten wird. Aus dieser Idee entstand das Genossenschaftsprinzip.[38] Eine für die gesamte Denkrichtung des Liberalismus typische Antwort auf die Soziale Frage lag in der Qualifikation durch Bildung. Vor allem die Armen sollen einen Grad der Urteilsfähigkeit erreichen, der sie im wirtschaftlichen Konkurrenzkampf bestehen ließ und wenigstens zum Teil einen Einblick in politische Entscheidungen gewähren konnte.[39] Nach Ritter gingen die Vorstellung der Liberalen von dem Bild einer berufsständisch gegliederten, klassenlosen Bürgergesellschaft auf patriarchalischer Grundlage aus. Das Proletariat sollte vor allem durch ausgeweitete Bildung, allgemeine und berufliche, wieder in den Mittelstand der Gesellschaft eingegliedert werden. Dem Einzelnen sollte eine rationale Lebensführung beigebracht werden und seine Aufstiegschancen sollten durch bessere Bildung erhöht werden. „Eine zentrale Rolle in den Ideen liberaler Sozialreformer spielte weiter der Gedanke der Assoziation und damit verknüpft der Hilfe zur Selbsthilfe.“[40] Den Arbeitern sollte die Anhäufung von Eigentum durch die Errichtung von Sparkassen erleichtert werden und durch Unterstützungskassen der Schutz gegen Krankheit und Invalidität verbessert werden. Der bedeutendste Vertreter der

---

[36] Ritter (1996): S. 25
[37] Dieses Prinzip der Nichtintervention haftet dem Liberalismus bis heute an.
[38] vgl. Göhler (2000): S. 18
[39] vgl. Göhler (2000): S. 19
[40] Ritter (1996): S.24

liberalen Sozialreform unter den Unternehmern im Vormärz war Friedrich Harkort (1793-1880). Auch er forderte die Hebung der Volksbildung als Voraussetzung für eine höhere Lebensqualität und der Steigerung des Volkswohlstandes. Er arbeitete die Bedeutung der Assoziationen, der Schaffung von Konsumvereinen, Sparkassen und Unterstützungseinrichtungen für die Verbesserung der sozialen Stellung der Arbeiter heraus. Weiterhin forderte er ein Arbeiterschutzgesetz, durch welches Kinderarbeit verboten und die tägliche Arbeitszeit für Erwachsene auf elf bis zwölf Stunden täglich begrenzt werden sollte.[41] Harkort äußerte sich 1844 „...der Staat muss einschreiten, um fernerem Verderben zu wehren, damit der Strom des Pauperismus nicht unaufhaltsam wachsend die gesegneten Augen des Vaterlands unheilbringend überschwemme... Vom Staat verlangen wir, daß er nicht allein gebietend, sondern auch helfend und fördernd einschreite."[42]

4.1.3 ... der Konservativen

Die Konservativsten wollten zur Überwindung dieser Probleme eine modernisierte ständische Ordnung der Gesellschaft wiederherstellen, in jener auch die arbeitenden Unterschichten ihren Platz finden würden. Seine Resonanz und Ressourcen fand er in den Schichten des Adels bis hin zu den existenzbedrohten Handwerkern und Gesellen. Der Konservativismus kritisierte den Kapitalismus scharf und steht für eine Rückkehr zu traditionellen Werten und den Rückzug zum Glauben. Der soziale Konservativismus entwarf eine korporative Gesellschaftsorganisation unter Einschluss des Proletariats. Diese Richtung trat im 19. Jahrhundert für korrigierende Maßnahmen des Staates in der Sozialpolitik ein. Die konservative Antwort auf die soziale Frage wollte die vom Kapitalismus benachteiligten Schichten in die Gesellschaft reintegrieren. Aus der Lehre des politischen Romantikers und Konservativsten Adam Müller ergibt sich eine Lösung der Sozialen Frage durch die Sicherung des adligen und kirchlichen Grundbesitzes und der Rückkehr zu einer hierarchisch gegliederten Ständegesellschaft. Hinsichtlich der Sozialen Frage wird diese Idee entscheidend ergänzt durch den Staatstheoretiker Lorenz von Stein (1815-1890).[43] Er wird in diesem Fall dem Konservatismus zugeordnet, da er nach Lösungen zu den Problemen seiner Zeit sucht, die die soziale Revolution noch verhindern könnte. Mitte des 19. Jahrhunderts hatte Lorenz von Stein die Theorie des modernen Sozialstaats begründet. Nach ihm sei die sich herausbildende Gesellschaft gekennzeichnet durch den Gegensatz der Kapitalisten und des Proletariats. Das Proletariat erhielt ein Bewusstsein für seine Lage und werde zum Träger

[41] vgl. Ritter (1996): S.24
[42] HARKORT, FRIEDRICH: Die Industrie (1844). in: SCHRAEPLER, DR. ERNST: Quellen zur Geschichte der sozialen Frage in Deutschland. Band 1: 1800- 1870. Göttingen: Musterschmidt Verlag 1955,S. 87f.
[43] vgl. Göhler (2000): S. 19f.

einer revolutionären, sozialen Bewegung, die um die Eroberung der Staatsgewalt kämpfen und sozialen Institutionen wie Familie und Privateigentum ablehnen würde. Stein leitete aus seinen Überlegungen nicht die Notwendigkeit einer Revolution ab, sondern forderte soziale Reformen durch die Staatsgewalt, im besten Falle durch ein aufgeklärtes Königtum. Er suchte nach einem Mittel der Reintegration der Arbeiterschicht um die bestehende Ordnung aufrecht zu erhalten. Das Proletariat sollte durch diese Reformen zu Besitz und Bildung gelangen und erkennen, das Kapital und Arbeit gegenseitige Interessen haben und aufeinander angewiesen sind.[44]

Als Antwort auf die neuen sozialen Probleme und die Gefährdung der Gesellschaft wurde in der politischen Theorie von Hegel, Robert von Mohl und besonders Lorenz von Stein das Konzept eines modernen Rechtsstaates entwickelt, der sich bewusst durch die Steuerung der gesellschaftlichen Entwicklung und die Förderung des Wohlstands seiner Bürger durch eine soziale Politik und Verwaltung zum Ziel setzte. Für Hegel war der Staat neben Familie und Gesellschaft ein hilfreiches Instrument der Daseinsvorsorge. Die soziale Reform galt ihm als Mittel zur Überwindung der inneren Widersprüche der voll entwickelten bürgerlichen Gesellschaft und zur Sicherung des Einzelnen. Der Staatswissenschaftler Robert von Mohl hat das polizeistaatliche Wohlfahrtsideal in seiner Verwaltungslehre mit dem modernen Rechtsstaatsgedanken verbunden. Er hat dem Rechtsstaat eine Verantwortung zur Sicherung der materiellen Grundlage der Gesellschaft zuerkannt.[45] Zum Verhältnis zwischen Fabrikant und Arbeiter äußerte er sich 1835: „Vor allem nämlich ist notwendig, daß der Gegensatz zwischen Lohnherr und Arbeiter ausgeglichen und an die Stelle des gegenseitigen Hasses und Mißtrauens das für dieses Verhältnis natürliche Gefühl des Wohlwollens und gemeinschaftlichen Interesses wieder gesetzt werde."[46]

4.1.4 … der Kirche

Die christlichen Soziallehren stehen ebenso wie die Ansätze der Liberalen, der Konservativen und der Sozialisten mit den gesellschaftlichen Rahmenbedingungen der Industrialisierung und der Sozialen Frage eng im Zusammenhang. Die Kirche hatte verschiedene Lösungsansätze zum Umgang mit der Sozialen Frage. Ein Ansatz sah Kirche und Gesellschaft als absolut getrennte Institutionen voneinander. Ein anderer sah eine Politisierung der Kirche vor, d.h. die

[44] vgl. Ritter (1996): S. 23-25

[45] Ritter (1996): S.25

[46] MOHL, ROBERT: Über die Nachteile, welche sowohl den Arbeitern selbst, als dem Wohlstande und der Sicherheit der gesamten bürgerlichen Gesellschaft von dem fabrikmäßigen Betriebe der Industrie zugehen, und über die Notwendigkeit gründlicher Vorbeugemittel (1835). in: SCHRAEPLER, DR. ERNST: Quellen zur Geschichte der sozialen Frage in Deutschland. Band 1: 1800- 1870. Göttingen: Musterschmidt Verlag 1955, S. 84.

Kirche habe mit über die Politik des Gemeinwesens und dessen Ordnung zu bestimmen.[47] Unterschiede liegen zwischen der katholischen und der protestantischen Soziallehre vor; im Folgenden sollen beide kurz dargestellt werden. Einerseits beinhaltet die katholische Soziallehre mit ihrer Vorstellung des ständischen Gesellschaftsmodells und der Ablehnung des Systems des Kapitalismus und der Industrialisierung eindeutig konservative Züge. Andererseits tritt sie für neue Formen der Selbsthilfe ein, z.B. in christlichen Gewerkschaften. Sie fordert verstärktes soziales Engagement des Staates hinsichtlich der prekären Lage großer Teile der Bevölkerung und tendiert damit recht fortschrittlich zum Sozialstaatsmodell. Die katholische Sozialbewegung in der ersten Hälfte des 19. Jahrhunderts hängt vor allem mit der Säkularisierung der geistlichen Fürstentümer und der Entstehung der Romantik durch die Französische Revolution zusammen. Die Volkskirche verbreitete sich in dieser Zeit zunehmend und in den 30er und 40er Jahren des 19. Jahrhunderts entstand ein breit gefächertes katholisches Vereinswesen.[48] Konkrete Vorschläge zur Verbesserung der Lage der Arbeiterschicht machte der badische Politiker und Jurist Franz Joseph Ritter von Buß (1803-1878) im badischen Landtag 1837 und beschrieb die Situation der Arbeiter folgendermaßen: „... von allen Seiten zurückgedrängt, genießt der Fabrikarbeiter nicht einmal eine rechtliche und politische Sicherstellung. Das Fabrikwesen erzeugt eine Hörigkeit neuer Art. Der Fabrikarbeiter ist der Leibeigene eines Brotherrn, der ihn als nutzbringendes Werkzeug verbraucht und abgenützt wegwirft."[49] Er hielt die erste sozialpolitische Rede in einem deutschen Parlament überhaupt. Buß spielte eine wesentliche Rolle in der Entwicklung des katholischen Vereinswesens und trat für eine ausgeglichene Wirtschafts- und Sozialpolitik zwischen Landwirtschaft, Handwerk und Industrie ein. Buß forderte die Verabschiedung von Fabrikgesetzen, in denen Bildungsmöglichkeiten und Schutz der Gesundheit der Arbeiter verankert werden sollten. Des Weiteren forderte er Einrichtungen wie Sparkassen, Hilfs- und Krankenkassen als Ergänzung zu anderen staatlichen Maßnahmen gegen den Pauperismus.[50] Einen anderen bedeutenden Beitrag zur Entwicklung der katholischen Soziallehre leistete der Mainzer Bischof Wilhelm Emmanuel Freiherr von Ketteler (1811-1877). Mit seinen Predigten versuchte er, ein neues Problembewusstsein in breiten Gesellschaftsschichten zu erwecken.

---

[47] vgl. Ritter (1996): S. 46
[48] vgl. Ritter (1996): S. 48
[49] BUß, FRANZ JOSEPH: Auszug aus der Rede über das soziale Problem in der Badischen Zweiten Kammer (1837). in: SCHRAEPLER, DR. ERNST: Quellen zur Geschichte der sozialen Frage in Deutschland. Band 1: 1800- 1870. Göttingen: Musterschmidt Verlag 1955,S. 66.
[50] Ritter (1996): S. 48

Die Hauptphase seiner Wirkung liegt jedoch nicht in dem hier betrachteten Zeitraum und wird deshalb auch nicht weiter betrachtet.[51]

Im Gegensatz zu den Lehren des sozialen Katholizismus hatten die Ideen der sozialen Bewegung im deutschen Protestantismus eine geringe Wirkung und Durchsetzungskraft. Das liegt u.a. daran, dass die calvinistische Lehre sich stärker auf das einzelne Individuum bezieht und dass die Entfaltungsmöglichkeit der protestantischen Landeskirchen bis 1918 stark eingeschränkt waren. Außerdem hatte der evangelische Pfarrer häufig eine höhere soziale Stellung als der katholische Priester, und dem entsprechend auch eine geringe Bindung zur Unterschicht und zur neu entstehenden Arbeiterklasse. Eine „sittlich- religiöse Erneuerung des Menschen als Ausweg aus dem sozialen Elend“ [52] stand in beiden, der katholischen und der protestantischen Soziallehre im Vordergrund. Bei den Protestanten stand die praktische, diakonische Arbeit im Vordergrund. Insgesamt kann man konstatieren, dass die christliche Kirche auf die soziale Frage reagierte, wenn auch eher mit einzelnen Initiativen als mit einem breiten kirchlichen Gesamtengagement. [53] Außerdem trat die kirchliche Armenpolitik im Vergleich zu kommunalen und staatlichen Eingriffsmaßnahmen zurück. Das lag u.a. daran, dass der Kirche aufgrund der Säkularisierung weniger Einnahmen zur Verfügung standen und somit die Mittel zur Armenfürsorge. Die Städte und Gemeinden übernahmen zunehmend die Last des Armenwesens.[54]

Alle verschiedenen Denkrichtungen fanden Antworten auf die neuen gesellschaftlichen und sozialen Problemlagen. Die Vorstellungen der Konservativisten erwiesen sich als utopisch und mündeten zusammen mit den christlichen Ansätzen in der katholischen Soziallehre der Päpste und in der evangelischen Sozialethik. Viel Gedankengut jener Zeit, z.B. die Analysen von Hardenberg von Stein fanden Eingang in Bismarcks Sozialgesetzgebung der achtziger Jahre. Die weltgeschichtlich folgenreichste Antwort fand der Sozialismus mit seinen Schlüsselbegriffen Gleichheit, Solidarität und Fortschrittsglaube. Diese standen seit der Französischen Revolution von 1789 auf der Tagesordnung der europäischen Politik. Häufig ging die zeitgenössische Diagnose jedoch nicht über erschreckende Warnungen und vage Abhilfepostulate hinaus.[55]

---

[51] vgl. Ritter (1996): S.49, HARDTWIG, WOLFGANG/ HINZE, HELMUT (Hrsg.): Deutsche Geschichte. in: Quellen und Darstellung. Band 7. Vom Deutschen und zum Kaiserreich 1815.1871. Stuttgart: Philipp Reclam jun. GmbH & Co. 1997,S. 27.

[52] Ritter (1996): S. 55

[53] Hardtwig (1997): S. ???

[54] vgl. SCHULZ, GÜNTHER: Armut und Armenpolitik in Deutschland im frühen 19. Jahrhundert. in: Historisches Jahrbuch 115, S. 338-410, 1995, S. 402.

[55] vgl. Göhler (2000): S. 21

4.2 Praktische

4.2.1 Auswanderungen

Im absolutistischen Territorialstaat war die Auswanderung aufgrund der eingeschränkten Freizügigkeit ein seltenes Phänomen und häufig nur durch religiöse Motive geprägt. Die Monarchen versuchten, die Auswanderungen zu verhindern, da sie die Bevölkerung als Arbeitskräfte brauchten. Sie betrieben gar eine gewisse Politik der Einwanderung, indem sie sich bemühten hoch qualifizierte Arbeitskräfte aus dem Ausland anzuwerben. Mit dem aufkommenden Pauperismus änderte sich dieses Verständnis vollständig und man hoffte durch Auswanderung den sozialen Sprengstoff ansatzweise entladen zu können.[56]
Durch ein Gesetz der Bundesakte von 1815 wurde die Wanderung innerhalb der deutschen Staaten erleichtert. Hauptsächlich gab es eine Zuwanderung der Städte durch die ländlichen Bewohner. Jene Wanderungsfreiheit galt auch über die deutschen Grenzen hinaus. Bis in die 30er Jahre hinein wanderten jährlich ca. 4000 Menschen ab. Diese Zahl verfünffachte sich bis 1845. Gründe für die Abwanderungen lagen neben der Verarmung auch in politischen oder religiösen Motiven. Ihren absoluten Höhepunkt im Untersuchungszeitraum erreichte die Auswanderungsbewegung mit der Agrarkrise 1846/47 bis zur Revolution von 1848.[57]

4.2.2 Proteste und Streiks

Die Reaktion der Arbeiterschaft auf die Diskriminierung in allen Lebensbereichen, drückte sich aus im unvorhersehbaren, spontan aufbegehrenden sozialen Protest über die kollektive Verteidigung in geplanten Streiks bis hin zu einer ständigen Organisation in Geheimbünden und Vereinen. In den letzt genannten kann man eine langsam, aber kontinuierlich wachsende Politisierung der neu entstehenden Schicht erkennen. Zur offenen Maschinenstürmerei ist es in Deutschland im Gegensatz zu England nur selten gekommen. Einen ersten Höhepunkt erreichte der kollektive Protest im Revolutionsjahr 1830, dieser wurde aber sofort vom Militär unterdrückt. Parallel dazu stieg die Zahl der friedlichen Streiks seit Mitte der 30er Jahre an. Die allgemeinen Motive der Streiks lagen in der im Kapitel 3 beschriebenen Situation der Arbeiterschaft, speziellere Motive waren Forderungen nach Lohnerhöhungen, Verkürzung der Arbeitszeiten und Verbesserungen der Arbeitsbedingungen. Da die Streikenden mit extrem harten Sanktionen, wie Entlassung oder gar Gefängnis rechen mussten, blieb der Streik insgesamt eine riskante und selten angewandte Methode. Zum bekanntesten Beispiel ist die Not der Schlesischen Weber geworden, die im Folgenden kurz dargestellt und in den

---

[56] vgl. Hardtwig (1993): S.73
[57] vgl. Kellenbenz (1981): S. 28f.

Gesamtkontext eingefügt werden soll.[58] In der historischen Forschung gibt es verschiedene Perspektiven dieses Aufstandes, einerseits wird er als kleiner lokaler Aufstand dargestellt, andererseits als Debüt der aufkommenden Arbeiterbewegung. Im Kontext dieser Arbeit geht es darum zu zeigen, dass die Arbeiter selbst anfingen, sich gegen die sozialen Missstände zur Wehr zu setzen. Wie kam es dazu und welche Auswirkungen hatte dieser Aufstand?
Die Not der arbeitenden Bevölkerung in Schlesien hatte ein besonderes Ausmaß erreicht, wie man verschiedenen zeitgenössischen Darstellungen aus Zeitungen, Liedern und Gedichten entnehmen kann. In Schlesien standen fast 50% aller im Königreich Preußen vorhandenen Webstühle. Vor allem im Textilgewerbe gelang es der deutschen Industrie nicht, mit der ausländischen Konkurrenz Schritt zu halten. Außerdem setzte die Technisierung ein; dadurch verschärfte sich die Konkurrenz der Heim- und Handarbeiter enorm und Tausende wurden in ihrer Existenz bedroht.[59] Häufig wurden die Arbeiter doppelt ausgebeutet: zum einen von ihrem Fabrikherren und zum anderen mussten sie auch noch Feudalabgaben entrichten. Die Unternehmer nutzten die prekäre Lage der Arbeiter aus um selbst hohen Profit herauszuschlagen.[60] Besonders unbeliebt bei den Schlesischen Webern war der Peterswaldauer Unternehmer Zwanziger, der bereits Tausende Arbeiter in der Region beschäftigte. Nach jahrelang ertragener Not und erlittenen Demütigungen der Weber hatten sich Hass und Wut gegenüber den Unternehmern verschärft, sodass ein kleiner Funke genügte, um das Feuer ausbrechen zu lassen. Am 3. Juni trafen sich erstmals circa zwanzig junge Männer, um gegen ein ungerechtes Urteil eines Kameraden zu protestieren und etwas gegen den ausbeuterischen Unternehmer Zwanziger zu unternehmen. Die jungen Weber formierten sich, ähnlich wie sie es beim Militär gelernt hatten und marschierten singend vor das Haus Zwanzigers. Dieser war vorbereitet und stattete seine Diener und Gehilfen mit Knüppeln aus und ließ sie Steine gegen die Protestierenden werfen. Die Arbeiter wurden kurzzeitig vertrieben, gaben die Hoffnungen aber so schnell nicht auf, durch besser organisierte Aktionen ihren Lohn erhöhen und für Gerechtigkeit zu sorgen können. Also riefen sie mehr Leibesgenossen zusammen und marschierten am nächsten Tag, zusammen mit anderen, wie z.B. den Ziegelarbeitern, zum Geschäftshaus Zwanzigers. Der Fabrikant war zu keinen Verhandlungen bereit und die Arbeiter wurden erneut mit Steinwürfen empfangen. Diesmal schlugen sie allerdings zurück. Außerdem sind die Weber in das Haus eingedrungen und haben die gesamte Einrichtung zerstört. Die Familie Zwanziger floh durch einen

[58] vgl. Wehler (1987): S. 269f., Tennstedt (1981): S. 69
[59] vgl. BÜTTNER, WOLFGANG: Der Weberaufstand in Schlesien 1844. in: REINALTER, HELMUT (Hrsg.): Demokratische und soziale Protestbewegungen in Mitteleuropa 1815- 1848/49. Frankfurt am Main: Suhrkamp 1986, S. 206f.
[60] vgl. Büttner (1986): S. 211

Hinterausgang. Die Nachricht vom Sturm auf das Geschäftshaus Zwanzigers hat sich schnell in den Nachbarregionen verbreitet. Die Zerstörungswelle ebbte nicht ab und alle sechs Gebäude im Ort, die Zwanziger gehörten, wurden zerstört. Die Stimmung im Ort beruhigte sich gegen Abend, aber der Landrat hatte bereits Hilfe des Militärs gegen die Aufständigen angefordert. Am nächsten Tag, dem 5. Juni 1844 wandten sich die Arbeiter auch gegen andere frühindustrielle Unternehmer, namenhaft Fellmann und Hoferichter. Ihnen gelang es, die Arbeiter durch Brot, Speck und Zahlungen von fünf Silbergroschen pro Kopf zu beschwichtigen. Der Aufstand ging in das benachbarte Dorf Langenbielau über. Dort war der Unternehmer Dierig Zielscheibe des Angriffs. Dieser wollte die Aufständigen ebenfalls durch eine einmalige Zahlung von fünf Silbergroschen beschwichtigen, als das Militär in Langenbielau eintraf und die Situation eskalierte. Es kam zu Ausschreitungen und der Aufstand wurde gewaltsam beendet. Nach Abzug des Militärs zerstörten die äußerst wutentbrannten Weber die Fabrik Dierigs vollkommen. 80 Angeklagte Weber wurden insgesamt verurteilt. „Alle historischen Quellen über die geschilderten Ereignisse in Schlesien und ihre weite Resonanz belegen eindeutig den proletarischen Charakter des Aufstandes, die Tatsache also, dass es sich um eine Massenbewegung ausgebeuteter werktätiger Klassen und Schichten gehandelt hat, die wesentlich aus dem Widerspruch zwischen Kapital und Arbeit hervorgegangen war."[61] Im zweiten Halbjahr 1844 folgten Dutzende ähnlicher kleinerer Aufstands- und Streikbewegungen, da sich eine ganze Klasse unterdrückt und ausgebeutet gefühlt hat und durch den Weberaufstand den Mut erlang, sich ebenfalls zu erheben. Der Aufstand wird als erste historisch bedeutsame offene Auseinandersetzung des deutschen Proletariats mit den kapitalistischen Unternehmern der Zeit gewertet. Zusammenfassend kann man den Weberaufstand als eine Entladung sozialer Spannungen zu Zeiten des Vormärzes betrachten, welche auf ein breites öffentliches Interesse stießen.[62] Die verschiedenen sozialen Protestbewegungen und Krisen führten zu einer Reihe von Veröffentlichungen über das Problem des Pauperismus. Dadurch gelang die Dringlichkeit des Problems und dessen Lösung in die gesamte Gesellschaft und die Diskussionen um die Soziale Frage nahmen zu.[63]

4.2.3 Arbeiterbewegungen und Vereine

Unter Arbeiterbewegungen verstand man eine von Arbeitern, Handwerkern und deren intellektuellen Wortführern getragene Bewegung, zur Verbesserung ihrer sozialen und

---

[61] Büttner (1986): S. 224
[62] vgl. Büttner (1986): S. 212ff.
[63] vgl. REINALTER, HELMUT: Einleitung. Schwerpunkte, Tendenzen und Perspektiven der Forschung. in: REINALTER, HELMUT (Hrsg.): Demokratische und soziale Protestbewegungen in Mitteleuropa 1815-1848/49. Frankfurt am Main: Suhrkamp 1986,S.20, Hartdtwig (1993): S. 27

ökonomischen, politischen und kulturellen Situation. Diese anfänglich meist regionalen Vereinigungen trugen ebenfalls zur Formierung der neuen Klasse bei. Wehler unterschied zwischen lokalen Unterstützungskassen und –verbänden, allgemeinen Handwerker- und Arbeiterbildungsvereinen, Auslandsvereinen und den Geheimbünden. Im Umfang dieser Arbeit kann auf deren Inhalte nicht tiefer eingegangen werden.[64]
Auch Todt und Radant kamen in ihrer historischen Studie zu der Auffassung, dass aufgrund der ökonomischen und gesellschaftlichen Umstände der Zeit von Gewerkschaften im Sinne einer wirtschaftlichen Interessenvertretung noch keine Rede sein kann. Bildungsvereine, Streiks und Unterstützungsinstitutionen kann man unter einzelnen Gesichtspunkten als Vorläufer der modernen Gewerkschaften betrachten, da in ihnen bereits die beginnenden Kämpfe einzelner Gruppen gegen ihre Arbeitgeber abzusehen sind.[65]
Ein Ausdruck dessen, das sich die Gesellschaft und das neu entstehende Bürgertum dieser sozialen Probleme in der ersten Hälfte des 19. Jahrhunderts bewusst war und annahm, war die Gründung von vielen Vereinen und Gesellschaften innerhalb der bürgerlichen Gesellschaft. Diese zeigten sich vor allem in neuen Formen sozialen und karitativem Engagements, die zur Intensivierung der Altenpflege, der Sozialarbeit und der Volksbildung führten. Erstes Zentrum der bürgerlichen Sozialreform wurde der im Oktober 1844 nach dem Schlesischen Weberaufstand und Schutzherrschaft des Königs Friedrich Wilhelm IV. gegründete *Centralverein für das Wohl der arbeitenden Klasse,* der ein breites Programm der Sozialreform vorlegte.[66] Er wurde von Fabrikanten, Kaufleuten und Angehörigen der preußischen Bürokratie gegründet, mit dem Ziel die ökonomische und soziale Lage der arbeitenden Bevölkerung zu verbessern, indem Spar-, Unterstützungs- und Pensionskassen eingerichtet wurden. 1834 gründete der Unternehmer David Hansemann den *Aachener Verein zur Beförderung der Arbeitsamkeit.* Dieser finanzierte zugleich die von Hansemann gegründeten Kindergärten und die Spar- und Prämienkassen.[67] Die staatlichen Instanzen fürchteten sich vor einer Unterwanderung der Vereine durch radikale Gruppierungen und somit wurde eine vollständige Entfaltung der Vereine bis zum Ausbruch der Revolution 1848/49 verhindert. Außerdem entstanden im Vormärz Vereine von Deutschen im Ausland, in deren Zusammenhang sich auch der deutsche Frühsozialismus entwickelte. Ritter sah in diesen Vereinen die erste deutsche Arbeiterbewegung, in der sich wandernde

---

[64] vgl. Wehler (1987): S. 273ff.
[65] vgl. TODT, ELISABETH/ RADANDT, HANS: Zur Frühgeschichte der deutschen Gewerkschaftsbewegung 1800-1849. Berlin: Verlagsgesellschaft mbH 1950,S. 103, Henning (1996): S. 304
[66] vgl. Ritter (1996): S.24
[67] vgl. Schulz (1995): S. 400f.

Handwerksgesellen mit radikal emigrierten Intellektuellen verbanden.[68] Insgesamt blieb die politische Mobilisierung der neuen Arbeiterschicht im Vormärz schwach ausgeprägt und den Arbeitern gelang es in der vorindustriellen Zeit kaum, sich zu formieren und ihre Interessen dauerhaft durchzusetzen. Das lag aber auch in der heterogenen Zusammensetzung dieser neu entstehenden Schicht. Von Seiten des Bürgertums gab es einige Bemühungen zur Verbesserung der Lage der Arbeiterschicht, grundsätzlich waren sie aber an ihrem eigenen und Fortschritt und Wohl interessiert.

4.2.4 Staatliche Maßnahmen

Der Staat nahm sich seit dem 18. Jahrhundert die Aufgabe der Armenfürsorge zunehmend an und entwickelte sich zum „Wohlfahrtstaat", jedoch noch nicht so umfassend wie im 20. Jahrhundert. Häufig erhielt er Unterstützungen von den örtlichen Gemeinden und einigen privaten Organisationen, da er allein mit der Situation vollständig überfordert gewesen wäre. Zum Teil dominierte der Gedanke in der Zeit noch, dass Armut ein selbstverschuldetes Phänomen sei, das sich durch Erziehung beseitigen lasse.[69] Die herkömmliche Armenfürsorge war durch kirchliche Institutionen dominiert. Entweder hatten die Bischöfe Hospitäler errichtet und/oder finanziert, die die Armen versorgten oder Kommunen und Kirchen traten Almosen an Privathäuser oder Klöster ab. Des Weiteren wurden Arbeits- und Zuchthäuser errichtet. Diese Instrumente basierten auf einer langen Tradition, erwiesen sich gegenüber dem neuen Phänomen des Pauperismus jedoch als machtlos.[70] Die Bedürftigen wurden von ihrer Familie, der Gemeinde und zunehmend auch vom Staat unterstützt. Bereits Ende des 18. Jahrhunderts setzen Bemühungen zur Betreuung und Versorgung der Armen ein, d.h. derjenigen, die nicht selbst für ihren Lebensunterhalt sorgen konnten. Sie wurden durch öffentliche und private Helfer unterstützt. Henning vermutet, dass in den privaten Einrichtungen das umfangreichste Potential für die Unterstützungen der Armen lag. Details dazu sind jedoch noch nicht erforscht worden.[71]

Die Kinderarbeit wurde bereits im Vormärz z.T. kritisch kommentiert, beispielsweise vom Frühunternehmer Harkort: „Laßt die Kinder in ihre natürliche Stellung zurückkehren, gebt ihnen die von Gott verliehenen Rechte der Jugend, Freuden, Gespielen, Bewegung, Himmel und Erde zurück, bannt den Fluch, der über dem Sprössling der Armen schwebt..."[72]

---

[68] vgl. Ritter (1996): S. 32

[69] vgl. KAUFHOLD, KARL HEINRICH: Deutschland 1650-1850, in: FISCHER, WOLFRAM/ HOUTTE, JAN A. VAN/ KELLENBENZ, HERRMANN/ MIECK, ILJA/ VITTINGHOFF: Handbuch der Europäischen Wirtschafts- und Sozialgeschichte. Band 4. Stuttgart: Klett- Cotta 1993,S. 550.

[70] vgl. Schulz (1995): S. 398

[71] vgl. Henning (1996): S. 302-304

[72] Harkort (1955): S. 88

Vermutlich gerieten die negativen Konsequenzen der Kinderarbeit nach 1815 zunehmend ins Bewusstsein der Gesellschaft und der Staat begann allmählich zu reagieren. In einem Runderlass vom September 1817 ließ der preußische Kanzler Hardenberg die Zustände in den Fabriken, insbesondere im Hinblick auf die Kinderarbeit untersuchen. Sowohl J.G. Hoffmann, Referent für Gewerbesachen (1817) als auch Kultusminister Altenstein (1824) deuteten auf die Missstände hinsichtlich der Kinderarbeit hin. Im Anschluss an diese Berichte wurden jedoch wenige konkrete Maßnahmen eingeleitet.[73] Ein erster Fortschritt war, dass die jugendlichen Fabrikarbeiter seit 1825 in Preußen ordentlichen Schulunterricht erhalten mussten. Unterrichtet wurde abends und sonntags, damit die Einkommensverluste für die gesamte Familie nicht zu hoch wurden. Die Kinder hatten nach 12 bis 14 Stunden Arbeit an der Maschine große Schwierigkeiten, dem Unterricht zu folgen. „1846 gibt es in Preußen 31 035 Fabrikarbeiter unter 14 Jahren."[74] Gesellschaftliches Aufsehen erregte einige Jahre später der Bericht des Geheimen Regierungsrates Keller von 1834, der die rheinischen Textilarbeiter eingehend untersucht hatte. Daraufhin brachte das 1839 erlassene „preußische Regulativ über die Beschäftigung jugendlicher Arbeit in Fabriken" einen unbestreitbaren Fortschritt. Es beinhaltete ein generelles Arbeitsverbot für Kinder unter neun Jahren, eine mindestens dreijährige absolvierte Schulzeit vor der Ausführung der Fabrikarbeit. Die Arbeitszeit für Neun- bis Sechzehnjährige wurde gesetzlich auf zehn Stunden täglich begrenzt und ihnen wurden gewisse Pausenzeiten eingeräumt. Nacht-, Sonntags- und Feiertagsarbeit wurde den Jugendlichen generell untersagt. Die Umsetzung dieses Gesetzes ließ anfänglich noch zu wünschen übrig, da Verstöße von den Fabrikherren gegen das Gesetz nur mit geringen Geldstrafen geahndet wurden. Außerdem mangelte es an der ordentlichen Umsetzung des Gesetzes, da die notwendige Aufsicht zur Durchführung der Inhalte fehlte. Trotz dessen war es ein großer Fortschritt und hatte zudem eine Vorbildfunktion für andere deutsche Staaten, die in den folgenden Jahren ähnliche Vorschriften erlassen haben.[75]

Die Rolle des Staats im Vormärz blieb weitgehend zurückhaltend. Er setzte durch seine Gesetzgebung die Rahmenbedingungen der Wirtschaft, förderte den Ausbau der Verkehrswege (Straßen und Eisenbahn) und beeinflusste dadurch indirekt den Arbeitsmarkt. Außerhalb des Bergbaus blieben seine Aktivitäten zur Gestaltung im sozialen Bereich auf wenige Handlungen begrenzt. Seit den 30er Jahren des 19. Jahrhunderts intervenierte der preußische Staat vermehrt, indem er die Armengesetzgebung einheitlicher gestaltete und das

---

[73] vgl. Henning (1996): S.287, Wehler (1987): S. 256

[74] Tennstedt (1993): S. 56f.

[75] vgl. Wehler (1987): S. 257, Kellenbenz (1981): S. 64

Freizügigkeitsprinzip einführte.[76] Hervorheben muss man die Bedeutung der Einführung des Regulativs von 1839 in Preußen. Weiterhin wurde ab 1845 durch die Allgemeine Gewerbeverordnung die Förderung von Hilfskassen der Arbeiter und gelegentlich Arbeitsbeschaffungsmaßnahmen in Notstandsgebieten durchgeführt.[77] Der Staat bemühte sich, die Soziale Frage durch administrative, karitative oder erzieherische Maßnahen zu lösen, dies gelang ihm aber nur schleppend in einigen Bereichen.

4.2.5 Kassen

Die Kassen dienten zur Unterstützung von Kranken, Arbeitsunfähigen, Witwen und Waisen. Einerseits waren sie effektiv, gleichzeitig exklusiv. Die Mitgliedsbeiträge wurden aus den Wochenlöhnen gezahlt. Die Proletarier, Fabrik- und Heimarbeiter und Tagelöhner konnten diese Beiträge nur selten und vor allem nicht regelmäßig entrichten. Die meisten dieser Kassen konnten somit nicht direkt auf die Probleme der neuen Schicht reagieren, aber sie etablierten sich nach und nach für alle Arbeiter und führten zu Zusammenschlüssen im größeren Rahmen. Außerdem waren diese Kassen eine erste Form der Arbeiterorganisation. Man muss dieser Institution demnach zugute halten, dass sie sich den Bedürfnissen der arbeitenden Schicht zunehmend annahm und den Arbeitern die Möglichkeit zu lockeren Zusammenschlüssen gab.[78] Sie waren ein wichtiges Beispiel früher staatlicher Intervention. Betriebliche Hilfseinrichtungen wurden ab 1815 langsam eingeführt. In Köln wurde vom Verlags- und Druckhaus DuMont- Schauberg eine Betriebskrankenkasse eingerichtet. Bis Mitte der 30er waren die Betriebskassen jedoch noch ein sehr schmähliches Phänomen. Die Gemeinden richteten Hilfskassen ein, um die kommunalen Haushalte zu entlasten. Die Zahl jener Kassen blieb jedoch in der ersten Hälfte des 19. Jahrhunderts gering.[79] In die Zeit zwischen 1815 und 1839 fiel auch die Gründung der deutschen Sparkassen. Sie wurden anfänglich primär für die unteren sozialen Schichten eingerichtet, um ein Verständnis zum Sparen zu bilden und den Weg zur Selbsthilfe zu unterstützen. Die kommunalen Sparkassen waren demnach ursprünglich ein Instrument der Armenfürsorge.[80] Die Wirkung der Sparkassen konnte sich jedoch erst später vollständig entfalten, da die meisten Fabrikarbeiter überhaupt kein Kapital zum anlegen zur Verfügung hatten.

---

[76] vgl. Schulz (1995): S. 407
[77] vgl. Reinalter (1986): S. 25
[78] vgl. Tennstedt (1981): S.35, Todt/ Radant (1950): S. 59f.
[79] vgl. Henning (1996): S. 303
[80] vgl. Schulz (1995): S. 401

5. Fazit

Betont werden soll erneut, dass sich für den untersuchten Zeitraum keine pauschalisierenden Aussagen hinsichtlich der untersuchten Phänomene treffen lassen können. Zum einen befinden wir uns in der Phase der Frühindustrialisierung mit wenigen industriellen Kernzentren, zum anderen lebten 1848 noch immer ca. 75% der Bevölkerung auf dem Lande, d.h. die untersuchte Gruppe stellt max. einen Anteil von 10-15% an der Gesamtbevölkerung. Trotz dessen hat man es in dieser Zeit mit einer riesigen gesellschaftlichen Umwälzung zu tun; die Lohnarbeit wurde zu einem dauerhaften Massenphänomen und damit einher ging die räumliche Trennung von Arbeits- und Wohnort. In der ersten Hälfte des 19. Jahrhunderts bekam die Bevölkerung vor allem die Schattenseiten der Industrialisierung zu spüren. Schritt für Schritt verbesserten sich die Arbeits- und Lebensbedingungen der neu entstandenen Klasse im 19. und 20. Jahrhundert. Nach und nach entstand durch die gleiche Lage das Bewusstsein der neu entstanden Klasse: des Proletariats.

Die Meinungen der Zeit gingen sehr weit auseinander, wie und womit die Probleme des Pauperismus zu lösen seien. Nur wenige Intellektuelle, wie Friedrich List, Gustav Mevissen oder Peter Reichensperger erkannten damals bereits die Bedeutung der zunehmenden Industrialisierung zur Überwindung des Pauperismus. Die meisten Zeitgenossen waren von pessimistischem Gedankengut geprägt; sie setzten entweder auf traditionelle Auswege oder sahen kaum Möglichkeiten zur Eindämmung des Pauperismus.[81] Die Forderungen der Arbeiter selbst waren meist defensiv, da sie traditionelle Produktionsverfahren wiederherstellen und alte Traditionen wiedereinführen wollten.

Zunehmend setzte sich die Einsicht durch, dass individuelle karitative Hilfeleistungen zur Lösung der Sozialen Frage nicht mehr ausreichen. Es gab verschiedene Stufen der Armenpolitik. Die Traditionelle setzte sich für eine Abschwächung der Armut ein. Daraufhin folgte der Versuch der Überwindung bis im 19. Jahrhundert gar die Verhinderung des Ausbruchs an Armut Priorität gewann. Diese letzte Form enthielt bereits sozialstaatliche Elemente.

Neuartige Instrumente wurden auf staatlicher, kommunaler und betrieblicher Ebene entwickelt und die Antworten zur Bewältigung der Sozialen Frage und des Pauperismus waren vielfältig. Trotz dessen erfuhr die Soziale Frage ihren Höhepunkt erst noch, da die

[81] vgl. Schulz (1995): S. 397

Industrialisierung im untersuchten Raum erst in den Kinderschuhen stand. Entgegen den Erwartungen der Sozialisten erwies sich der Kapitalismus als sehr strapazier- und lernfähig.[82]
In den Diskussionen und Gesetzentwürfen der Frankfurter Nationalversammlung von 1848/49 fand die Soziale Frage Einklang. Ihre Lösung sollte über die Gewährung freiheitlicher Grundrechte ermöglicht werden.[83]
Auffällig bei der Literaturanalyse war der mehrfache Vergleich der Situation der Vorindustriellen Zeit mit der aktuellen Lage in den Entwicklungsländern. Diesem möchte ich mich nicht annehmen, da in den Entwicklungsländern völlig andere Rahmenbedingungen zugrunde liegen.

[82] vgl. Göhler (2000): S. 22
[83] vgl. Schulz (1995): S. 408

6. Literatur

Sekundärliteratur:

ABEL, WILHELM: Der Pauperismus in Deutschland am Vorabend der Industriellen Revolution. Braunschweig: Braunschweig-Druck GmbH 1970.

BAYER, ERICH/ WENDE, FRANK: Wörterbuch zur Geschichte. Begriffe und Fachausdrücke. Stuttgart: Alfred Kröner Verlag 1995.

BÜTTNER, WOLFGANG: Der Weberaufstand in Schlesien 1844. in: REINALTER, HELMUT (Hrsg.): Demokratische und soziale Protestbewegungen in Mitteleuropa 1815-1848/49. Frankfurt am Main: Suhrkamp 1986.

ENGELS, FRIEDRICH: Briefe aus dem Wuppertal. in: MARX, KARL/ ENGELS, FRIEDRICH: Werke. Band 1. Berlin: Dietz 1956.

FISCHER, WOLFRAM: Armut in der Geschichte. Erscheinungsformen und Lösungsversuche der „Sozialen Frage“ in Europa seit dem Mittelalter. Göttingen: Vandenhoeck und Ruprecht 1982.

FUCHS, KONRAD/ RAAB, HERIBERT: Wörterbuch zur Geschichte. Band 2 L-Z. München: Deutscher Taschenbuchverlag 1972.

GÖHLER, GERHARD: Antworten auf die soziale Frage- Einführung. in: HEIDENREICH, DR. BERND (Hrsg.): Politische Theorie des 19. Jahrhunderts. III. Antworten auf die soziale Frage. Wiesbaden: Hessische Landeszentrale für politische Bildung 2000.

HARDTWIG, WOLFGANG: Vormärz. Der monarchische Staat und das Bürgertum. in: BROSZAT, MARTIN/ BENZ, WOLFGANG/ GRAML, HERMANN (Hrsg.):Deutsche Geschichte der neuesten Zeit vom 19. Jahrhundert bis zur Gegenwart. München: Deutscher Taschenbuch Verlag GmbH & Co. KG 1993.

KAUFHOLD, KARL HEINRICH: Deutschland 1650-1850, in: FISCHER, WOLFRAM/ HOUTTE, JAN A. VAN/ KELLENBENZ, HERRMANN/ MIECK, ILJA/ VITTINGHOFF:

Handbuch der Europäischen Wirtschafts- und Sozialgeschichte. Band 4. Stuttgart: Klett-Cotta 1993.

KELLENBENZ, HERMANN: Deutsche Wirtschaftsgeschichte. Band II. Vom Ausgang des 18. Jahrhunderts bis zum Ende des Zweiten Weltkriegs. München: Verlag C.H. Beck 1981.

KOCKA, JÜRGEN: Das lange 19. Jahrhundert. in: GEBHARDT: Handbuch der deutschen Geschichte. Stuttgart: Klett-Cotta 2002.

NIPPERDEY, THOMAS: Deutsche Geschichte. 1800-1866: Bürgerwelt und starker Staat. München: Beck 1998.

REINALTER, HELMUT: Einleitung. Schwerpunkte, Tendenzen und Perspektiven der Forschung. in: REINALTER, HELMUT (Hrsg.): Demokratische und soziale Protestbewegungen in Mitteleuropa 1815- 1848/49. Frankfurt am Main: Suhrkamp 1986.

RITTER, GERHARD A.: Arbeiter, Arbeiterbewegung und soziale Ideen in Deutschland. Beiträge zur Geschichte des 19. und 20. Jahrhunderts. München: Verlag C.H. Beck 1996.

SCHRAEPLER, DR. ERNST: Quellen zur Geschichte der sozialen Frage in Deutschland. Band 1: 1800- 1870. Göttingen: Musterschmidt Verlag 1955.

SCHULZ, GÜNTHER: Armut und Armenpolitik in Deutschland im frühen 19. Jahrhundert. in: Historisches Jahrbuch 115, S. 338-410, 1995.

TENNSTEDT, FLORIAN: Sozialgeschichte der Sozialpolitik in Deutschland. Vom 18. Jahrhundert bis zum Ersten Weltkrieg. Göttingen: Vandenhoeck & Ruprecht 1981.

TODT, ELISABETH/ RADANDT, HANS: Zur Frühgeschichte der deutschen Gewerkschaftsbewegung 1800-1849. Berlin: Verlagsgesellschaft mbH 1950.

WEHLER, HANS-ULRICH: Deutsche Gesellschaftsgeschichte. Zweiter Band. Von der Reformära bis zur industriellen und politischen „Deutschen Doppelrevolution“ 1815-1848/49. Frankfurt am Main/ Wien: C.H. Beck'sche Verlagsbuchhandlung 1987.

Quellen:

BUß, FRANZ JOSEPH: Auszug aus der Rede über das soziale Problem in der Badischen Zweiten Kammer (1837). in: SCHRAEPLER, DR. ERNST: Quellen zur Geschichte der sozialen Frage in Deutschland. Band 1: 1800- 1870. Göttingen: Musterschmidt Verlag 1955.

HARDTWIG, WOLFGANG/ HINZE, HELMUT (Hrsg.): Deutsche Geschichte. in: Quellen und Darstellung. Band 7. Vom Deutschen und zum Kaiserreich 1815.1871. Stuttgart: Philipp Reclam jun. GmbH & Co. 1997.

HARKORT, FRIEDRICH: Die Industrie (1844). in: SCHRAEPLER, DR. ERNST: Quellen zur Geschichte der sozialen Frage in Deutschland. Band 1: 1800- 1870. Göttingen: Musterschmidt Verlag 1955.

MOHL, ROBERT: Über die Nachteile, welche sowohl den Arbeitern selbst, als dem Wohlstande und der Sicherheit der gesamten bürgerlichen Gesellschaft von dem fabrikmäßigen Betriebe der Industrie zugehen, und über die Notwendigkeit gründlicher Vorbeugemittel (1835). in: SCHRAEPLER, DR. ERNST: Quellen zur Geschichte der sozialen Frage in Deutschland. Band 1: 1800- 1870. Göttingen: Musterschmidt Verlag 1955.